MAISON A VENDRE,

COMÉDIE

En un acte et en prose, mêlée de chants;

Représentée, pour la première fois, sur le Théâtre de L'Opéra-Comique-National, rue Favart, le premier Brumaire an 9 de la République.

Paroles du Cit. ALEXANDRE DUVAL.

Musique du Cit. DALAYRAC.

———————

A PARIS,

Chez VENTE, Libraire, Boulevard des Italiens, près la rue Favart, N°. 340.

———————

AN IX.

PERSONNAGES.   ACTEURS.

Mad. DORVAL. Mad. DUGAZON.
LISE, nièce de Mad. DORVAL. Mlle PHILLIS aînée.
FERVILLE, voisin de Mad. DORVAL. Cit. DOZAINVILLE.
VERSAC, jeune Poëte. Cit. ELLEVIOU.
DERMONT, jeune Compositeur
  de Musique. Cit. MARTIN.
UN DOMESTIQUE.

La Scène se passe dans une Maison de campagne, à 15 lieues de Bordeaux.

LA MAISON À VENDRE,
COMÉDIE.

(Le Théâtre représente une Campagne. Sur l'un des côtés du Théâtre, est une Maison de belle apparence, dont on voit la porte-cochère. Plus loin et du même côté, est une autre Maison. Le Théâtre est coupé par une petite barrière à l'anglaise, qui indique que le devant de la première Maison est un petit enclos interdit seulement aux voitures. Dans cet enclos et en face de la porte de la première maison, est un bosquet avec une table de pierre et des chaises de jardin. Une grande affiche de Maison à vendre est collée près de la porte de la première maison, de manière à être vue du public.)

SCÈNE PREMIÈRE.
Mad. DORVAL, FERVILLE.

(Ils sortent de la première maison, qui est celle de Madame Dorval.)

Mad. DORVAL.
Votre proposition est une insulte.

FERVILLE.
Mais ma chère voisine.

Mad. DORVAL.
Il y a trois mois que vous m'avez offert d'acheter ma maison; et maintenant que je vous la laisse au prix que vous m'en avez donné, vous m'offrez à peine la moitié de la valeur de cette propriété !

FERVILLE.
C'est une chose toute simple et qui se fait tous les jours.

Mad. DORVAL.
Parmi vos pareils.

FERVILLE.
Il falloit accepter mes propositions dans le temps.

Mad. DORVAL.
Excellente raison !

A

LA MAISON A VENDRE,

FERVILLE.

La Maison est mal située.

Mad. DORVAL.

A ce que vous dites.

FERVILLE.

Vous voyez que personne ne se présente pour l'acheter?

Mad. DORVAL.

Grace à vous qui déprisez mon bien, pour l'avoir à meilleur compte.

FERVILLE.

Si vous en trouvez davantage, je vous conseille de le laisser.

Mad. DORVAL.

Je m'arrangerai de façon qu'il ne restera pas à un arabe comme vous.

FERVILLE.

On est toujours un arabe quand on songe à ses intérêts.

Mad. DORVAL.

Vous songez aux vôtres, aux dépens de ceux d'autrui.

FERVILLE.

Chacun agit à sa manière..... Acceptez-vous mes propositions?

Mad. DORVAL.

Non, encore une fois, non.

FERVILLE.

A votre aise, vous vendrez votre maison si vous le pouvez.

Mad. DORVAL.

Sans rancune.... Vous verrez.... Qu'il vienne un acquéreur; et s'il en croit mes conseils.... Les avantages que vous retirez de mon voisinage... Il suffit, je m'entends. Adieu.

FERVILLE, *(en s'en allant.)*

Elle a beau dire; la maison me restera.

SCÈNE II.

Mad. DORVAL *(seule.)*

OH! le méchant homme!.... je suis d'une colère!.... moi qui comptois sur le prix de cette vente pour doter cette bonne petite nièce.... Elle ne se mariera pas, ce n'est pas un grand malheur.... Mais ce Ferville.... Ah! je donnerois plutôt ma maison au premier venu que de la laisser à ce juif.... Allons trouver mon notaire, qu'il arrange toute cette affaire à sa fantaisie; peu m'importe; ce pays me déplait; retournons à Paris dès demain, dès aujourd'hui. (*Elle appelle à la porte de la maison.*) Lise! Lise!.. Maudite maison!.. J'avois bien besoin de venir tout exprès pour la vendre! Lise! Venez donc Mademoiselle! vous n'arrivez jamais quand on vous appelle!

SCENE III.
LISE, Mad. DORVAL.

LISE.

Vous êtes fâchée, ma tante?

Mad. DORVAL.

Oui Mademoiselle, je suis fâchée, très-fâchée.

LISE.

Qu'ai-je donc fait?

Mad. DORVAL.

Ce que vous avez fait! être jolie comme cela, et n'avoir pas de dot!

LISE.

Ma tante, j'ignore.......

Mad. DORVAL.

Ah! vous ignorez que vous ne vous marierez pas. — Non Mademoiselle, vous n'aurez pas de dot, et on ne se marie pas sans dot; apprenez cela.

LISE.

Mais je ne songe point à me marier.

Mad. DORVAL.

Propos de votre âge. — Le tems vient où l'on pense autrement. Oh! le méchant voisin!

LISE.

Que vous a-t-il fait?

Mad. DORVAL.

Comment! ce qu'il m'a fait! il m'empêche de vendre ma maison, vous ne prenez aucun intérêt à ce qui me touche; l'argent de cette vente devoit un jour être votre dot.... Mais vous êtes si étourdie! tout mon bien est en viager; en dépit de mes héritiers, je voulois vous assurer une petite fortune pour l'avenir ; mais non, Mademoiselle ne songe à rien !

LISE.

Oh ! ma bonne, mon excellente amie !

Mad. DORVAL.

Oui, votre excellente amie, qui ne peut rien faire pour vous. — Allons, il faut que je cause avec mon notaire, que je voie par quel moyen je pourrois..... Il demeure au bout du village....... Je vais....... Rentre, et dispose tout pour notre départ.

LISE.

Quoi, ma tante ! nous retournons à Paris ? Oh ! tant mieux !

Mad. DORVAL.

Quelle joie ! j'en devine le motif. Vous espérez y retrouver un certain jeune homme qu'on appelle Dermont, que je ne connois pas, mais qui vous faisoit la cour ; je sais tout.

LISE.

Oh ! je serois bien fâchée de le revoir.

Mad. DORVAL.

Un jeune fou, qui ne sait faire que des Opéra.

LISE.

Qui pense plus à ses ouvrages qu'à moi.

Mad. DORVAL.

C'est peut-être un mauvais sujet.

LISE.

Très-mauvais sujet ! il ne m'a pas écrit une seule fois.

Mad. DORVAL.

Tu as bien fait de l'oublier.

LISE.

Oh ! je n'y pense plus du tout. — Oh ! ma chère tante, si vous l'eussiez connu, vous l'eussiez aimé : il est doux, prévenant, honnête, sensible....... et un talent ! il est impossible d'entendre sa musique, sans éprouver un plaisir.... un trouble....

Mad. DORVAL.

Hem ?....

LISE.

Aussi je serois bien fâchée de l'épouser jamais.

Mad. DORVAL.

S'il avoit eu quelque fortune, j'aurois pu consentir....

COMÉDIE.

LISE.

Ah moi, je n'y consentirois pas, j'ai de la fierté dans le caractère.

Mad. DORVAL.

Mais unir des jeunes gens sans bien ! que feroit, cet étourdi, pour sa femme ? de la musique ! en effet, voilà une petite femme bien heureuse.

LISE.

Oui, de la musique..... En effet, c'est très-intéressant !... De grace, ne m'en parlez plus ; son nom seul me met en colère ; c'est un ingrat, un traître, un perfide ; et si je le revois jamais...... Retournons bien vîte à Paris.

Mad. DORVAL.

J'y consens. Va commencer tous les préparatifs pour notre départ ; allons, allons, ne songe plus à ce Dermont. -- Crois-moi, ne te marie pas, reste fille, tu en seras plus heureuse et moi aussi.

SCÈNE IV.

LISE (seule.)

CERTAINEMENT, je suivrai ses conseils. L'ingrat ! ne pas m'écrire une seule lettre ! -- Il m'avoit pourtant juré qu'il m'aimeroit toujours.

AIR.

   Fiez-vous aux discours des hommes,
   Croyez aux constantes amours !
   Oh ! pauvres femmes que nous sommes !
   Oui, l'on nous trompera toujours !
      Ah ! je crois entendre encore
      Dermont, ce perfide amant ;
      Il me jure qu'il m'adore,
      Qu'il sera toujours constant ;
      Moi, je crois à son langage,
      A ses sermens, à ses vœux,
      Et l'infidèle m'outrage,
      Sans doute, par d'autres feux.
   Fiez-vous aux discours des hommes, etc.

      Ah ! fuyons un Dieu volage ;
      Et, plus sage désormais,
      Sachons, par le badinage,
      D'amour éviter les traits.

Dans lui, tout est imposture,
Il vous charme en vous frappant,
Et l'on chérit la blessure
Dont on se plaint, en riant.

Fiez-vous aux discours des hommes,
Croyez aux constantes amours :
Ah ! pauvres femmes que nous sommes!
Oui, l'on nous trompera toujours!

Ah ! des jeunes gens sur la route ! l'un d'eux s'approche.... Rentrons dans la maison. Ah ! ces hommes.... on les fuit ; mais on y pense toujours. (*Elle rentre dans la maison à l'instant où Versac paroît dans le fond du théâtre*).

SCENE V.
VERSAC, DERMONT.

VERSAC.

CET endroit me paroît agréable.— Nous pourrons laisser passer ici la grande chaleur du jour ; arrive donc, traîneur impitoyable !

DERMONT, *paraissant à son tour*.

Mais nous sommes ici, dans un enclos qui tient à cette maison.

VERSAC.

Tu es toujours d'une timidité ridicule. Est-il défendu à des pauvres piétons de chercher un abri contre la chaleur ?

DERMONT.

Mais on peut croire que nous sommes.....

VERSAC.

Des fripons, peut-être ? Là, de bonne foi, en avons-nous la mine ? ce maintien, cet habit.....

VERSAC.

D'ailleurs, que peut-on nous dire ?

DERMONT.

On peut nous prier très-poliment de sortir.

VERSAC.

Fi donc ! on n'oseroit faire cette injure à deux enfans chéris d'Apollon ; un poëte..... un musicien.....

DERMONT.

Les enfans chéris d'Apollon coucheront à la belle-étoile.

COMÉDIE.

VERSAC.
Ils en ressembleront davantage au Dieu des Arts. Songe qu'il fut réduit à garder les troupeaux.

DERMONT.
Mais, dans sa disgrace, il dînoit au moins; et nous sommes à jeun.

VERSAC.
Ne renouvelle point nos douleurs, c'est la faute de ces maudits aubergistes. -- Ils nous donnoient des mémoires qui ne finissoient plus.

DERMONT.
C'est ton étourderie qui est cause de tout cela. Que je me repens de t'avoir laissé notre argent ! nous avions plus qu'il ne falloit pour faire notre route ; mais Monsieur se donnoit les airs de traiter les voyageurs, encore hier, cinq ou six personnes, et toujours la meilleure chaire..... Ces poëtes sont gourmands !

VERSAC.
Et toi, le meilleur vin ! -- Ces musiciens sont gourmets !

DERMONT.
Nous voilà bien, qu'allons-nous devenir ! -- Pas une obole entre nous deux, et quinze lieues encore avant d'arriver à Bordeaux !

VERSAC.
Il est vrai que notre situation n'est pas plaisante. -- Si nous avions quelques bijoux...... Mais nous sommes trop philosophes, nous avons toujours méprisé ces bagatelles. Si nous pouvions trouver quelqu'amateur des Arts, qui sût apprécier notre mérite, il pourroit nous prêter une légère somme, à compte sur notre Opéra.

DERMONT.
Nous lui donnerions-là un triste gage.

VERSAC.
Ah ! mon collègue, songe que nous avons fondé sur ce bel ouvrage, notre gloire et notre fortune. Allons, prenons notre parti. Asseyons-nous sous ce bosquet. Respirons ce doux zéphir. -- Tiens, là, nous pouvons nous rafraîchir à bon marché.

(*Ils s'asseyent sous le bosquet qui est en face de la maison.*)

DERMONT.
Je suis d'une humeur !

VERSAC.
Chante-moi l'air que tu fis hier au soir.

DERMONT.

Au diable !

VERSAC *(parcourant son cahier.)*

Je finis mal mon second acte : au lieu d'envoyer promener mes personnages, je ferais mieux.....

DERMONT.

De les faire mettre à table et nous aussi. -- Remets ton manuscrit dans ta poche..... Quand on a l'estomac vide....

VERSAC.

On a la tête plus libre. C'est le moment du travail.

DERMONT *(soupirant.)*

Ah !

VERSAC.

Quel gros soupir ! tu me fais rire malgré moi.

DERMONT.

En effet, la chose est bien plaisante ! Que je suis donc fâché de t'avoir accompagné dans ce maudit voyage !

VERSAC.

Oh ! je t'en ai peu d'obligation ; car c'est moins par amitié pour moi que par l'espoir de retrouver le tendre objet de tes feux, qui habite les environs de Bordeaux.

DERMONT.

Et comment faire ma recherche sans un sou ?

VERSAC.

Mais, demain, nous serons chez mon oncle.

DERMONT.

Oui, nous y serons bien reçus chez ton oncle, si j'en juge par les lettres qu'il t'écrit !

VERSAC.

Il est vrai qu'il m'en veut beaucoup de ce que j'ai quitté le commerce, pour suivre la carrière des arts. Ces bonnes gens ont des préjugés..... Chacun son goût ; mais il suffira qu'il entende mes vers et ta musique, pour changer tout-à-coup d'opinion. Il nous recevra très-bien, j'en suis certain. Songe donc que je suis son unique héritier ; et tout en me grondant, il se réjouit en secret de mes petits succès.

DERMONT.

Oui, nos petits succès, sur-tout la dernière pièce.

VERSAC.

Comment ! tu songes encore à ce petit échec ?

DERMONT.

COMÉDIE.

DERMONT.

Cette maudite reconnoissance.....

VERSAC.

Tu l'as voulue. — Je l'avais faite très-pathétique, mais tout le monde s'est mis à rire. J'avois aussi tout qu'il y avoit de mieux en morale : — personne n'en a voulu ; ô *tems* ! ô *mœurs* !

DERMONT.

Ne parlons plus de tout cela ; et continuons notre route.

VERSAC.

Non, je suis fatigué ! cet endroit est délicieux. — Cette verdure, ce point de vue..... Ah ! quand pourrai-je habiter la campagne ! Je suis né pour les plaisirs tranquilles. C'est une chose décidée. Si notre pièce réussit, j'achète tout de suite un petit château.

DERMONT.

Ah ! tu vas continuer tes plaisanteries ?

DUO. **VERSAC.**

Depuis long-temps, j'ai le desir
De vivre au sein de la campagne.

DERMONT.

C'est ce qu'on appelle bâtir,
Mon cher, des châteaux en Espagne.

VERSAC.

Là, retiré dans mon château,
Je coule des jours sans nuage,
Des oiseaux le tendre ramage,
Le murmure d'un clair ruisseau,
Et la fraîcheur d'un doux ombrage,
Font toujours un plaisir nouveau.

DERMONT, (*se moquant de lui.*)

Là, retiré dans ton château,
Tu coule des jours sans nuage....

VERSAC.

A l'amitié toujours fidèle,
Chez moi, tu prends un logement.

DERMONT.

A l'amitié toujours fidèle,
Chez toi, je prends un logement.

(*à part.*)

Il perd la tête, assurément.

B

LA MAISON A VENDRE,

VERSAC.

Pour les doux yeux de quelque belle,
Je compose des vers charmans,
Embellis encor de tes chants.

DERMONT.

Ah ! pour les beaux yeux de ma belle,
Tu me feras des vers charmans,
Que j'embellirai de mes chants.

VERSAC.

Tous deux jouissant de la vie,
Au sein de ce riant séjour,
Apollon, Bacchus et l'Amour
Nous verseront leur ambroisie,
Pour nous enivrer tour-à-tour.

DERMONT.

Tous deux jouissant de la vie, etc.

DERMONT.

Je suis las de ces folies : je pars ; me suis tu ?

VERSAC.

Attends, il me vient une idée. -- Un peu de hardiesse. -- Il est impossible que dans un pays comme celui-ci, des jeunes gens aussi aimables que nous se passent de dîner. -- Ma foi, sans façon, je vais frapper à cette porte, et demander.....

DERMONT.

Autre sottise !

VERSAC.

Non, les habitans de cette maison ne résisteront point à mon éloquence. Je toucherai leur cœur, je leur peindrai notre situation, je réclamerai les droits de l'hospitalité, je leur parlerai de ton amour, de mon appétit, de leur sensibilité, de mon opéra ; je le lirai même, s'ils le desirent.

DERMONT.

Tu as résolu de me faire mourir d'impatience !

VERSAC (*allant à la porte.*)

C'est décidé : où donc est la sonnette ?

(*Il voit une affiche.*)

Qu'est-ce que cela ? — *Maison à vendre*..... *Stse....*
Avec Ecurie et Remise...... Comment trouve-tu ce pays ?

DERMONT.

Laisse-moi.

COMEDIE.

VERSAC.

Cette maison te plaît-elle ?

(*Dermont ne répond rien.*)

Mais réponds-moi donc !

DERMONT.

Eh bien ! oui, elle me plaît ; finissons.

VERSAC.

Elle te plaît ? Je l'achète.

DERMONT.

Versac, perds-tu la tête, dis-moi ?

VERSAC.

Non, la maison est bien située ; un très-grand jardin, les arbres en plein rapport, écurie et remise ; cela me convient, et je l'achète.

DERMONT.

Et moi, je m'en vas.

VERSAC.

Mais non, tu sais bien que je t'y donnerai un appartement

DERMONT.

Oh ! le plus fou de tous les fous !

VERSAC.

Ah ! tu crois que je plaisante ?

(*Il va pour sonner, Dermont l'arrête.*)

DERMONT.

Attends-toi que je vais m'opposer à cette nouvelle folie.

VERSAC (*allant sonner.*)

Laisse donc ! Tu m'empêcheras peut-être d'acheter du bien, quand j'en aurai l'envie !

SCÈNE VI.

LES PRÉCÉDENS, Mad. DORVAL.

(*Elle va pour rentrer chez elle.*)

Mad. DORVAL, (*à Versac qui va sonner.*)

Qui demandez-vous, Messieurs ?

VERSAC.

Cette maison est à vendre ; je désirerois la voir.

DERMONT, (*à Versac.*)

Comment oses-tu ?

Mad. DORVAL.
Vous ne pouviez pas mieux vous adresser; j'en suis la maîtresse.
DERMONT.
Combien nous sommes fâchés de vous avoir dérangée!
VERSAC.
Daignez recevoir nos salutations.
Mad. DORVAL, (à Versac.)
J'espère que cette maison vous conviendra.
DERMONT.
J'en doute.
VERSAC.
Non, la maison me convient beaucoup, le site est charmant, l'air me paroit excellent dans ce pays.
Mad. DORVAL.
Il y est vif; on y a toujours bon appétit.
VERSAC.
Nous nous en appercevons.
Mad. DORVAL, (sonnant.)
Personne ne vient nous ouvrir. — Ma nièce est certainement dans le jardin.... Mais les domestiques....
VERSAC.
Rien ne presse, ils vont venir.
Mad. DORVAL.
Non, je suis impatiente. — D'ailleurs, vous êtes peut-être fatigués?
DERMONT.
Beaucoup, Madame.
VERSAC.
Nous sommes pourtant arrivés en voiture.
DERMONT.
On le croiroit difficilement, en nous voyant.
Mad. DORVAL.
(En regardant les pieds poudreux des voyageurs.)
En voiture? et qu'en avez-vous fait?
VERSAC.
Nous l'avons laissée dans un village voisin.
Mad. DORVAL.
Et dans quel endroit?

VERSAC.

A l'auberge..... du Grand-Cerf.

Mad. DORVAL.

Mais le village le plus voisin est encore éloigné, et la longueur de la route....

VERSAC.

Oui, on nous a recommandé l'exercice pour notre santé.

DERMONT.

Oh! Nous devons bien nous porter; car voilà plus de cent cinquante li....

VERSAC, (bas à Dermont.)

Te tairas-tu?

Mad. DORVAL.

Mais comment ferez-vous ce soir? — Si vous voulez, j'enverrai un exprès dire à votre cocher.... Le nom du village?

VERSAC.

Son nom? Te rappelles-tu comment il se nomme? le village de.....

DERMONT.

Le village de Crac.... de Crac....

Mad. DORVAL.

De Briac, voulez-vous dire? —

VERSAC, (lui montrant un côté.)

De Briac, justement, tenez, de ce côté.

Mad. DORVAL, (lui montrant le côté opposé.)

Non, de celui-là.

VERSAC.

Oui, oui, c'est que dans ce moment nous sommes un peu désorientés.

Mad. DORVAL.

Mais on ne vient pas! (elle sonne encore) moi qui veux vous offrir quelques rafraîchissemens!

VERSAC.

Ah! Madame, vous êtes trop honnête!

Mad. DORVAL.

Vous refusez? Ah! je vois que vous sortez de table....

VERSAC.

Oui; mais dans ce village de Briac, on dîne si mal!... et la longueur de la route....

LA MAISON A VENDRE,

Mad. DORVAL.

Ah! on vient pourtant. — Messieurs, donnez-vous la peine d'entrer.

VERSAC. (*lui donnant la main.*)

Madame!

Mad. DORVAL, (*à Dermont.*)

Vous restez?

DERMONT.

Oui Madame, je n'achète pas de maison, moi.

VERSAC.

C'est un original, la tête un peu dérangée : je vous conterai cela. (*Ils entrent.*)

SCÈNE VII.

DERMONT, (*seul.*)

QUEL fou! il est d'une hardiesse! — Je dois m'opposer à ses sottises. — Je ne veux pas qu'il se joue de cette femme qui me paroît respectable. — Pourtant, je connois *Versac* : au milieu de ses étourderies, il est incapable.... Et puis profitons du hasard qui me conduit dans cette maison : là, peut-être, on connoît les personnes qui habitent les environs, on pourra me donner des nouvelles de Mad. Dorval, de mon aimable Lise. Que doit-elle penser de mon silence? Mais aussi, partir brusquement! à peine m'écrire deux mots! et oublier de me marquer le nom du lieu qu'elle alloit habiter! C'est dans les environs de Bordeaux, chez une tante que je ne connois pas.... C'est tout ce que je sais. O ma Lise! ma Lise! je suis coupable à tes yeux; et pourtant le Ciel sait combien je t'aime, et combien je souffre de ton absence.

AIR.

DERMONT.

Rondeau.

Toujours courant après ma belle,
Ainsi qu'un jeune Troubadour,
Plus amoureux, aussi fidèle,
Je souffre et chante mon amour.

COMÉDIE.

Ah ! si du moins de mon absence,
Lise éprouvoit le déplaisir !
Mal d'amour est douce souffrance,
Quand on est deux à le sentir !

Mais seul, hélas ! loin de ma belle,
Ainsi qu'un jeune Troubadour,
Plus amoureux, aussi fidèle,
Je souffre et chante mon amour.

Portez sur votre aîle légère,
Allez, portez, tendres Zéphirs,
Au cher objet qui m'a su plaire,
Et mes chansons et mes soupirs !

Dites-lui bien que pour ma belle,
Ainsi qu'un jeune Troubadour,
Plus amoureux, aussi fidèle,
Je souffre et chante mon amour !

SCÈNE VIII.
DERMONT, VERSAC.

VERSAC.

Tout va bien, mon ami, la maison est on ne peut pas plus agréable, la maîtresse on ne peut pas plus accommodante, et tout en regardant les gros murs, j'ai apperçu une jeune personne jolie comme un ange.

DERMONT.

Mais, mon cher Versac !

VERSAC.

Va-tu encore m'impatienter avec tes observations ? Tantôt, quand la bonne tante est arrivée, ne tournois-tu pas en ridicule tout ce que je disois ?

DERMONT.

Je te voyois mentir effrontément.

VERSAC.

Quel mal ? Oublies-tu que nous sommes près de Bordeaux ? (*gasconnant.*) et jé suis du péis.

DERMONT.

Mais où tout cela te mènera-t-il ?

VERSAC.

Pauvre génie ! Comment, tu ne le devines pas ? Grace à mes petits mensonges, on me prend pour un homme très-riche, on s'imagine que je vais acheter la maison ; on entre dans les détails de sa valeur, je n'ai pas l'air de me passionner, je trouve des incommodités, je crains la dépense, il y a beaucoup à refaire..... cependant si l'on est raisonnable, le pays me plaît ; et puis les *mais*..... les *si*..... on craint que je ne parte... je diffère, on veut lier connoissance, on fait préparer un goûter, j'accepte par complaisance : nous causons encore de l'acquisition ; il est tard, la nuit vient, on nous offre des lits, nous acceptons encore : on soupe, je dois rendre réponse dans quelques jours, nous partons, nous arrivons demain à Bordeaux ; et, grâce à mon esprit, sans posséder un sou, nous trouvons un bon souper, un bon lit, et nous achetons même une maison, si tel est notre bon plaisir.

DERMONT.

Dans notre position, je ne vois rien de très-condamnable ; mais....

VERSAC.

Ah ! le souper t'attendrit.

DERMONT.

Mais je te connois, je suis certain que tu t'écarteras de ton plan, et que tu feras quelqu'imprudence dont nous aurons à nous repentir.

VERSAC.

Tu as toujours peur. (*Des domestiques apportent un goûter qu'ils servent sur la table de pierre qui est sous le bosquet.*)
Tiens, vois-tu ce qu'on apporte ?

DERMONT.

Comment ! ici ?

VERSAC.

C'est encore une attention de ma part. — On a voulu servir ces rafraichissemens dans la maison ; mais tu étois ici ; *Oreste*, *sans Pilade*, auroit-il pu goûter ? — J'ai parlé de la fraîcheur du bosquet, du point-de-vue, et tu vois si l'on s'empresse à contenter mes desirs. — On vient, c'est la bonne dame : nous priveroit-on de la présence de la jeune personne ? — J'y mettrai bon ordre.

SCÈNE IX.

SCÈNE IX.
Mad. DORVAL, LES PRÉCÉDENS.

Mad. DORVAL.

JE vous demande pardon, si je ne vous offre, dans ce moment, que ces fruits et ce laitage; je ne m'attendais pas....

VERSAC.

Des façons,.... c'est pour vous obéir que je prendrai quelque chose.... (*Il s'assied.*)

Mad. DORVAL, (*à Dermont.*)

Asseyez-vous, je vous prie.

VERSAC, (*à Dermont.*)

Allons, un peu de complaisance, tu n'as pas grand appétit, je le sais. -- Mais il faut faire honneur au goûter de Madame.

DERMONT, (*mangeant avec avidité.*)

Ce laitage est délicieux.

VERSAC, (*à un Domestique.*)

Du pain! je vous prie. -- On a raison de dire que l'appétit vient en mangeant.

DERMONT.

Du pain! je l'éprouve aussi.

Mad. DORVAL.

Je vois avec plaisir que vous trouvez bon le peu que je vous sers.

VERSAC.

Tout est délicieux!.... Ces fruits sont de votre jardin?

Mad. DORVAL.

Oui, de mon jardin. -- Vous l'avez trouvé bien planté?

VERSAC.

Un peu à l'ancienne mode.

Mad. DORVAL.

Quant à la pièce d'eau?....

VERSAC.

Superbe, la pièce d'eau! -- Je vous demanderai du vin.

Mad. DORVAL.

Vous n'aimez donc pas ce vieux bâtiment?

C

LA MAISON A VENDRE,

VERSAC.

Je le ferai abattre. -- (*En buvant.*) C'est du Ségur excellent!

Mad. DORVAL.

Ainsi nous pouvons espérer de traiter ensemble?

VERSAC.

Oui, toutes réflexions faites, je prends votre maison.

Mad. DORVAL.

Puis-je savoir maintenant si c'est avec quelqu'un du pays que je termine?

VERSAC.

Oui; je suis de Bordeaux, on me nomme Versac.

Mad. DORVAL.

Versac! Mais ce nom est très-connu.

VERSAC.

Il a quelque célébrité, j'ose m'en flatter.

DERMONT.

Oui, son nom se trouve quelques fois sur des papiers publics.

Mad. DORVAL.

On connoît ce nom.... à la Bourse, sur-tout....

VERSAC, (*à part.*)

On me prend pour mon oncle....

Mad. DORVAL.

J'ignorois avoir affaire à l'un des plus riches négocians de France.

VERSAC.

Madame!

Mad. DORVAL.

Si renommé par sa probité, sa franchise dans les affaires.

VERSAC.

Vous êtes trop polie.

Mad. DORVAL.

Sa parole vaut un acte. -- Je vous estimois sans vous connoître, et pour avoir le plaisir de traiter avec vous, j'en passerai par tous les arrangemens qui vous conviendront.

VERSAC.

Je vous laisse absolument la maîtresse de tout cela. -- Vous entendez bien que je prends cette maison, comme un petit pied-à-terre; car, sans me flatter, on connoît beaucoup de de terres sous le nom de *Versac*.

COMÉDIE.

Mad. DORVAL.

Je n'en doute pas.

DERMONT.

Madame est-elle aussi de Bordeaux?

Mad. DORVAL.

Je suis née dans cette ville; mais j'habite ordinairement Paris. (*à Versac*) Il se peut que vous ayez entendu parler de Madame *Dorval*?

DERMONT.

De Madame Dorval!

VERSAC.

Oui Madame, votre nom m'est connu : je savois même, qu'arrivée de Paris depuis quelques mois, vous habitiez nos environs avec une nièce charmante.

Mad. DORVAL.

Oui, j'ai profité de l'affaire qui m'attiroit en ces lieux, pour la faire voyager et la distraire d'un amour.... Vous savez ce que c'est que la jeunesse.

VERSAC.

Oui, l'âge des passions, un amour malheureux.... Des obstacles.... J'ai passé par-là.

DERMONT, (*timidement.*)

Et Mademoiselle votre nièce, sans doute, a oublié cet amour?

Mad. DORVAL.

Oh! elle y songe encore; mais j'espère que bientôt.....

VERSAC.

Comment! vous, Madame, qui me parroissez joindre l'esprit à la bonté, vous contrariez le goût de votre nièce?

Mad. DORVAL.

Oh! le choix n'est pas convenable. D'abord, elle n'a de fortune que ce qu'elle peut attendre de moi, et elle s'est avisée d'aimer un jeune homme, nommé Dermont, honnête à la vérité, mais sans bien; enfin un musicien pauvre.

VERSAC.

Et peut-être un pauvre Musicien? Je conçois pourtant que vous veuillez donner la préférence à un homme..... dans les affaires....: comme moi.

Mad. DORVAL, (*lui rendant le manuscrit qui sort de sa poche*). Prenez garde : vous allez perdre ces papiers.

LA MAISON À VENDRE,

Versac, (à part.)

Ah ! mon Dieu, mon Opéra ! (*haut.*) C'est qu'ils sont de la plus grande importance.....

Mad. Dorval.

Quelque Mémoire, sans-doute ?

Versac.

C'est une nouvelle espèce de Lettre-de-Change, tirée.....

Dermont.

Sur ce qu'il y a de mieux dans Paris.

Versac.

Et payable à vue. — Y auroit-il de l'indiscrétion à demander à présenter ses hommages à votre aimable Nièce ?

Mad. Dorval.

Je me fais un devoir de contenter votre desir. — Je vais lui faire dire.....

(*Mad. Dorval va à la porte du Pavillon.*)

Dermont.

Oh mon ami ! quel bonheur !

Versac.

— Prends-garde, la reconnaissance approche : n'allons pas faire encore quelques bévues ?

Dermont.

Je suis dans une ivresse !

Versac.

Songe à la préparer : pas trop de pathétique ; cela pourroit faire rire.....

Dermont.

Mon ami, elle approche !

Versac.

La Tante l'accompagne, sa présence va nous embarrasser.

SCÈNE X.

LES PRÉCÉDENS, Mad. DORVAL, LISE.

Mad. Dorval.

Ma Nièce, nos aimables Hôtes desireroient.....

Versac.

Vous offrir leurs respects.

COMEDIE.

LISE, *(appercevant Dermont.)*

Ciel !

Mad. DORVAL.

Qu'avez-vous donc, ma Nièce ?

VERSAC, *(à part.)*

Vite, un vieux moyen de comédie.

LISE, *(embarrassée.)*

C'est que, je.....

VERSAC.

C'est que le sang vous a porté, à la tête, des éblouissemens.... on croit voir, reconnoître... ces choses-là arrivent souvent.

LISE.

Il est vrai que j'ai éprouvé un serrement de cœur.....

VERSAC *(en regardant Dermont.)*

Oui, c'est au cœur que cela porte.

Mad. DORVAL.

Mais tu te trouve mieux ?

LISE.

Oui, je me sens mieux.

VERSAC.

--- A la vivacité de vos yeux, je vois que nous voilà hors d'embarras.

DERMONT.

Mademoiselle ?....

Mad. DORVAL.

Rentre dans ton appartement.

VERSAC.

Non, au contraire, le grand air lui fera du bien.

DERMONT, *(bas à Versac.)*

Je ne puis lui parler !

VERSAC.

Laisse moi faire..... *(Il se place entre Lise et Madame Dorval et affecte le ton grave d'un homme d'affaires.)* Ne pourrai-je prendre connoissance des titres, des charges de la Maison ?

Mad. DORVAL.

Je suis à vos ordres, tous ces papiers sont dans mon cabinet.

DERMONT, *(bas à Lise.)*

Lise ! un seul mot !

LISE.
Non, non, Monsieur.
VERSAC.
Eh bien, entrons-y; et, qui sait? nous pourrons peut-être finir tout de suite.
Mad. DORVAL.
J'y consens très-volontiers.
LISE.
Ma Tante, je vous suis.
VERSAC.
Eh non, Mademoiselle, restez. --- Nous allons parler d'affaires, de contrat, de rente, d'inscription, de ratification..... (*Il appuie sur ce dernier mot.*) cela n'est pas amusant pour une jeune personne.
Mad. DORVAL.
En effet, reste plutôt à tenir compagnie à Monsieur.
LISE.
Mais, Madame.....
Mad. DORVAL.
Je le veux.
VERSAC.
Votre Tante le veut, il faut obéir..... Allons, Madame, allons parler d'affaires.

SCÈNE XI.
DERMONT, LISE.
DERMONT.
MA chère Lise! je vous revois!....
LISE.
Laissez-moi, Monsieur.
DERMONT.
Quoi! vous ne voulez pas m'entendre!
LISE.
Eh! qu'entendrai-je qui ne tourne à votre désavantage? Quoi! depuis six mois, pas une lettre, pas un seul mot!....
DERMONT.
Eh! le pouvois-je?

COMÉDIE.

LISE.

En effet, vos occupations sont tellement importantes.....

DERMONT.

Mais, il falloit savoir.....

LISE.

Que j'étois dans ce Pays, ignorée de tout le monde, tourmentée par ma Tante ; seule, enfin, en butte aux regrets d'avoir aimé un inconstant ?

DERMONT.

Moi ! inconstant !.... oh ! jamais !....

LISE.

Et que voulez-vous que je pense ? Me ferez vous croire que lorsqu'on aime véritablement, on ne sait pas trouver le moyen de le dire, de l'écrire ; mais, les plaisirs de la Capitale, et peut-être d'autres amours, ont su vous faire oublier une infortunée, qui conservera toute sa vie le chagrin de vous avoir aimé.

DERMONT.

Lise ! ah ! de grâce ! laissez-moi me justifier à vos yeux ! Je ne suis pas coupable. — Souvenez-vous qu'avant votre départ, vous m'écrivites ; mais, tout en m'annonçant que vous alliez habiter une Maison de Campagne, des environs de Bordeaux, vous oubliâtes de me dire le nom de l'endroit. Vous partez : Quel fut mon embarras ! Je m'informai vainement, personne ne put m'instruire ; je ne vis d'autre espoir de vous retrouver, qu'en marchant sur vos traces : Je suivis mon ami, le hasard nous conduit ici, je me réjouis de votre présence, je m'attends à vous voir partager ma joie ; et vous, vous m'accusez, quand c'est moi qui suis innocent !

LISE.

Comment ! il se pourroit ?

DERMONT.

Voilà votre lettre ; jugez-moi.

LISE.

Ah Dermont ! pardonnez.

DUO.

DERMONT.

Chère Lise ! dis-moi : « Je t'aime. »
Tu me dois un aveu si doux.

LISE.

Mais si je dis : « Dermont, je t'aime ! »
Plus de regrets, plus de courroux.

LA MAISON A VENDRE,

DERMONT.

Plus de regrets, plus de courroux.

LISE.

Eh bien, mon cher Dermont, je t'aime !

DERMONT.

Oh ! répéte un aveu si doux !

LISE.

Faut-il le dire encor de même ?

DERMONT.

Oui, répétons tous deux de même :

ENSEMBLE.

Chère Lise ! Combien je t'aime !
Mon cher Dermont ! Combien je t'aime !
Quel plaisir ! trouble extrême !
Il enivre mon cœur.
Ah ! répétons de même
Ce mot plein de douceur :
« Je t'aime, je t'aime ! »

LISE.

Mais si le sort jaloux alloit nous désunir,

DERMONT.

Hélas ! je le sens trop, il me faudroit mourir.

ENSEMBLE.

Ecartons ce nuage
Qui trouble le plaisir :
Ne songeons qu'à l'image
D'un plus doux avenir.

DERMONT.

Répétons encore de même :
Chère Lise ! Combien je t'aime !

LISE.

Je vois votre ami. --- Ma Tante va le suivre ; je vous quitte, je craindrais que mon trouble ne me trahît en ce moment.

(*Elle sort.*)

DERMONT.

Heureux hasard ! combien je te dois !....

SCÈNE XII.

SCÈNE XII.

VERSAC, DERMONT.

VERSAC.

Eh bien, s'est-on grondé? brouillé, — racommodé? Enfin, es-tu content?

DERMONT.

Je suis au comble de la joie! Combien je te dois, mon cher Versac, pour m'avoir ménagé cet entretien!....

VERSAC.

Sais-tu ce que me coûte ton entretien?

DERMONT.

Non.

VERSAC.

Soixante mille francs.

DERMONT.

Que veux-tu dire?

VERSAC.

Je veux dire que, tandis que tu te passionnois auprès de ta belle, moi, j'étois au supplice.

DERMONT.

Après?

VERSAC.

Eh bien, après avoir marchandé long-temps, j'ai fini par acheter la Maison.

DERMONT.

O Ciel!

VERSAC.

Oh! mon Dieu, oui: 60,000 francs. Cela n'est cher que relativement aux circonstances.

DERMONT.

Qu'allons-nous devenir? Pas un sol dans le monde, et acheter une Maison!

VERSAC.

Je ne suis pas le premier.

DERMONT.

Mais ne pouvois-tu donc remettre à un autre jour?

VERSAC.

Impossible ! --- Nous étions d'accord ; le hasard ne conduit-il pas là le Notaire ? La bonne Dame, qui craignoit que je me dédisse, profite de cette occasion ; elle propose un engagement, un dédit même..... Le Notaire me pressoit, je ne savois que dire ; on me présente deux feuilles de papier timbré. --- Ennuyé de toutes ces formalités, je prends mon parti, et je signe enfin, aussi lestement qu'à Paris, je signois des billets d'Auteur.

DERMONT.

Détestable étourdi !

VERSAC.

Mais, au reste, quel mal ? je n'emporte pas la Maison.

DERMONT.

Mais, quand il faudra payer, que diras-tu ?

VERSAC.

Je leur offrirai ma lettre de change payable à vue.

DERMONT.

Lorsque ton Oncle va savoir tout cela ?

VERSAC.

Il se fâchera, peut-être ; eh bien, il aura tort : quand l'Oncle possède cinq à six Maisons, le Neveu peut bien en acheter une.

DERMONT.

Mais, il faut payer, malheureux !.... payer 60,000 francs. Entends-tu bien ce que cela veut dire ?

VERSAC.

Oh ! nous avons du temps ; on me donne deux jours.

DERMONT.

Ainsi, dans deux jours, nous passerons pour de misérables intrigants.

VERSAC.

Moi, j'espère toujours ; la maison peut convenir à mon Oncle. -- Le grand mal, d'ailleurs, quand il m'en feroit cadeau, à compte sur la succession !

SCÈNE XIII.
LES PRÉCÉDENS, Mad. DORVAL.

Mad. DORVAL.

Pour un Homme d'Affaires, vous êtes bien étourdi, vous aviez oublié le double de l'obligation.....

VERSAC.

Ah ! c'est vrai. Pardon !... J'ai tant de choses dans la tête ; et celle-là est si simple.

Mad. DORVAL.

Maintenant que tout cela est fini, je puis vous assurer que vous n'avez pas fait un mauvais marché.

VERSAC.

Oh moi, je ne peux guère faire de mauvais marché : tout le monde n'est pas aussi heureux ; voilà pourtant mon ami qui trouve que c'est un peu cher..... pour nos moyens.....

Mad. DORVAL.

Ah, c'est qu'il ne connoît pas l'agrément de cette Maison, ou plutôt de votre Maison ; car vous pouvez, dès aujourd'hui, la regarder comme étant à vous.

VERSAC.

Oui, aujourd'hui, comme à moi ; mais demain ?....

Mad. DORVAL.

Engagez votre ami qui paroît mécontent de votre acquisition, à venir voir votre propriété.

VERSAC.

Allons, mon ami, vas donc voir ma propriété !

Mad. DORVAL.

Quant aux Meubles, je vous les laisse, le Billard même est une chose utile.

VERSAC.

Un Billard ! c'est charmant ! (à Dermont.) Veux-tu venir faire une partie sur mon Billard ?

DERMONT.

J'ai presqu'envie de tout avouer.

Mad. DORVAL.

Ah ! j'apperçois l'aimable voisin...

SCÈNE XIV.

LES PRÉCÉDENS, FERVILLE.

FERVILLE.

Des Étrangers ! le Notaire que j'ai vu sortir par la grande porte !.... cela m'inquiète.

VERSAC.

Quel est cet homme ?

Mad. DORVAL, (*bas à Versac.*)

C'est le voisin dont je vous ai parlé, celui dont l'enclos touche le mien.

VERSAC.

Ah ! le voisin qui vouloit acheter votre Maison ?

FERVILLE, (*à part.*)

J'ai peur d'avoir fait une sottise. (*haut.*) Eh bien, ma voisine ?

Mad. DORVAL, (*allant à lui.*)

Eh bien, mon voisin, ma maison est vendue.

FERVILLE.

Vendue !....

Mad. DORVAL.

Et très-bien vendue..... (*montrant Versac.*) c'est Monsieur qui l'achète. (*à part.*) Il enrage. (*à Dermont.*) Adieu. Rentrons ; je ferai mon possible pour vous faire passer une agréable soirée.

DERMONT.

Quoi, Madame ! nous restons ?

Mad. DORVAL.

Ne vous mettez pas en peine, j'ai pris toutes mes mesures pour ne vous laisser aucune inquiétude.

VERSAC (*à Dermont.*)

Pourvu qu'elle n'ait pas envoyé au village de Briac !

Mad. DORVAL.

Au revoir, mon cher voisin ! (*Elle se dispose à sortir, DERMONT lui donne la main; VERSAC les suit.*)

FERVILLE, *(courant après Versac et le tirant par son habit à l'instant où il rentre dans la maison.)*
Ne puis-je vous dire un petit mot?

VERSAC.
Je suis à vos ordres.

SCÈNE XV.
VERSAC, FERVILLE.

VERSAC, *(à part.)*
Il vouloit la Maison : voyons-le venir.

FERVILLE, *(à part.)*
Il ne sait pas que je voulois m'arrondir : tâtons-le prudemment.

VERSAC.
Ce Pays est charmant.

FERVILLE.
L'air est un peu humide.

VERSAC.
Pourtant, les Habitans paroissent s'y bien porter.

FERVILLE.
Beaucoup de fièvres.

VERSAC.
Fièvre ou non, je l'habiterai dans la belle saison.

FERVILLE.
Je serai enchanté d'y faire votre connoissance.

VERSAC.
Vous demeurez dans les environs?

FERVILLE, *(montrant le côté opposé à sa maison.)*
Oui, dans les environs.

VERSAC.
Pour moi, voilà ma Maison.

FERVILLE.
Je vois que c'est vous qui avez acheté?....

VERSAC.
Oui : J'ai mis soixante mille francs dans cette acquisition ; cela n'est pas cher.

FERVILLE.
Hum !..., la Maison à bien des désagrémens.
VERSAC.
J'y ferai des réparations.
FERVILLE.
Le terrein est mauvais.
VERSAC.
C'est qu'il est mal cultivé.
FERVILLE.
Trop de bois.
VERSAC.
J'y ferai une coupe.
FERVILLE.
Ah ! c'est différent.
VERSAC.
Dans six mois, vous ne reconnoîtrez pas cette habitation.
FERVILLE.
Avec du goût, on tire parti de tout.
VERSAC, *(montrant la maison de Ferville.)*
D'abord, vous voyez bien cette Maison ?
FERVILLE.
Oui, je la vois.
VERSAC.
La connaissez vous ?
FERVILLE, *(à part.)*
Si je connois ma Maison ! Oh ! beaucoup.
VERSAC.
Il m'a semblé que, des appartemens, on avoit la vue sur mon Parc ?
FERVILLE.
C'est la seule qu'on ait..
VERSAC.
C'est fort bien ; mais, comme je n'aime pas les curieux, je fais planter, devant leurs croisées, un double rideau de peupliers.
FERVILLE.
Mais, le voisin ?

COMÉDIE.

VERSAC.

Le voisin ne verra plus rien, c'est vrai; mais chacun songe à son agrément.

FERVILLE.

Il me paroît, en effet, que vous n'oubliez pas le vôtre.

VERSAC.

Quant au petit ruisseau qui prend sa source dans mon jardin, et qui baigne celui du voisin, je le fais serpenter au milieu des fleurs, je fais une petite rivière, un lac: cela sera charmant.

FERVILLE.

En effet, cela peut être fort agréable.

VERSAC.

D'autant plus agréable, que je lui donne une autre direction; qu'après lui avoir fait faire le tour de mon jardin, il ira se perdre dans ma grande prairie.

FERVILLE.

Et le voisin?

VERSAC.

Se passera d'eau; pas une goutte: mais c'est un petit objet d'agrément auquel il ne doit pas tenir beaucoup.

FERVILLE, (*à part.*)

Ah! double sot.

VERSAC.

Voilà à-peu-près tous les changemens que je compte faire.

FERVILLE.

Il me semble que c'est bien assez.

VERSAC.

Ah! si ce n'est pourtant un mur que je fais élever à la partie latérale de mon bâtiment.

FERVILLE.

Comment, encore un mur?

VERSAC.

Immense; mais, de mon côté, je l'emplis d'espaliers.

FERVILLE.

Et le voisin?

VERSAC.

Ah! le voisin s'arrangera.

FERVILLE.

Mais, enfin, ce mur?

LA MAISON A VENDRE,

VERSAC.

Se trouvera juste en face de son rez-de-chaussée, si bien que, de son salon, on se croira dans une maison d'arrêt. — C'est un malheur.

FERVILLE.

J'espère que la loi...

VERSAC.

Je la connois ; et puis, d'ailleurs, j'ai lu les titres. — Trois pieds, le tour de l'échelle, voilà tout ce que je lui dois.

FERVILLE.

Ainsi, ce malheureux voisin...

VERSAC.

M'inquiète peu, on m'a dit que c'était un arabe, un juif. Le connoissez-vous ?

FERVILLE, (*dans une très-grande colère.*)

Oui, morbleu, je le connois ! Apprenez que ce voisin, c'est moi.

VERSAC.

Enchanté de faire votre connoissance.

FERVILLE.

Savez-vous que ma propriété va devenir sans valeur ?

VERSAC.

Oui ; mais la mienne en acquiert bien davantage.

FERVILLE.

J'enrage.

VERSAC.

Tout esprit de propriété à part, ne trouvez-vous pas mon plan délicieux ?

FERVILLE.

Il me ruine.

VERSAC.

Mais, il m'enrichit, moi. Dès qu'on a une propriété, on aime à déranger, boulverser ; on dépense, il est vrai, beaucoup d'argent ; mais lorsqu'on a, comme moi, une certaine fortune....

FERVILLE.

Ce n'est certainement pas la seule propriété que vous ayez ?

VERSAC.

Moi ! ah mon Dieu ! j'en achète tous les ans.

FERVILLE.

Vous ne voudriez pas céder votre marché ?

VERSAC.

COMEDIE.

VERSAC.

Vous n'en voudriez pas ; le terrein est mauvais, l'air est humide, beaucoup de fièvres.....

FERVILLE.

Mais, si quelque bénéfice.....

VERSAC.

Impossible, j'y suis déjà attaché ; et puis cette Maison me coûte 60,000 francs, je veux mourir si je la donne pour 80,000. Mon plan me séduit. Vous sentez qu'une rivière, un lac, un grand mur avec des espaliers.....

FERVILLE.

Cela pourroit être très-joli, c'est on ne peut pas mieux..... Mais, tenez, vous me paroissez un aimable homme, si d'honnêtes propositions peuvent vous convenir..... Venez un instant chez moi ; nous nous arrangerons, je vous promets des sacrifices.

VERSAC.

Des sacrifices ! argent comptant ?....

FERVILLE.

Argent comptant ! (*Il fait le geste de quelqu'un qui compte de l'argent.*) On vient, je vous attends ; je vais faire un petit acte sous seing-privé. (*à part.*) Oh ! la maudite maison ! elle me coûtera cher !

VERSAC, (*seul.*)

Bon ! je tiens le juif. — Et qui sait si je n'ai pas fait une bonne affaire ?

SCÈNE XVI.

LISE, DERMONT, VERSAC.

VERSAC. (*Après la ritournelle.*)

Qu'avez-vous donc ? vous me paroissez tous deux bien effrayés.

LISE.

Hélas ! ce n'est pas sans raison ;
Ma Tante sait tout le mystère.

VERSAC.

Eh bien ! voyez la belle affaire !

DERMONT.

Il nous faut quitter la Maison.

E

LA MAISON A VENDRE,

VERSAC.

Je ne quitte pas ma Maison;
Mais comment a-t-on pu l'instruire?

LISE.

On est venu d'un Village prochain.

VERSAC.

Mais encor, qu'a-t-on pu lui dire?

DERMONT.

Là, d'un Appartement voisin,
Tous deux, nous l'avons entendue.

LISE.

J'en suis encore toute émue.

VERSAC.

Parlez.... Que disoit-elle?

LISE.   VERSAC.

Elle disoit.....   Parlez.

Ce sont des intrigans, sans bien;
Ils ont trompé ma confiance.
Ah! qu'on redoute ma vengeance!
De les punir, je connois le moyen.

DERMONT.

Entends ces mots.

VERSAC.

J'entends fort bien.

DERMONT.	LISE.	VERSAC.
Si la Tante est sévère,	Loi sévère,	Si la Tante est sévère,
Qu'allons-nous devenir?	Que devenir?	Je saurai l'attendrir;
Dis-nous, que faut-il faire?	Mais, que faire?	Ce seroit très-mal faire,
Faut-il rester, partir?	Quoi! partir!	Si nous allions partir.
Hélas! déjà la crainte	Quelle crainte	Pourquoi donc tant de crain-
S'empare de mon cœur;	Pour mon cœur!	Rassurez votre cœur; (te?
Je vois que cette feinte	Cette feinte	Moi, grâce à cette feinte,
Fera notre malheur.	Fait mon malheur.	Je fais votre bonheur.

VERSAC.

Je vais parler à votre Tante.

LISE.

Ah! craignez plutôt son courroux!

DERMONT.

Ah! craignons plutôt son courroux!

LISE, (à Versac.)

De vous elle est très-mécontente.

COMÉDIE.

VERSAC.
Je saurai la rendre contente.
LISE et DERMONT.
Tombons plutôt à ses genoux.
VERSAC.
Allez, allez rassurez-vous !

(La reprise.)

DERMONT.
Qu'allons-nous devenir ?

VERSAC.
Je saurai calmer l'orage, j'ai sur moi des papiers, de ces lettres de gens connus, en place, qui honorent toujours ceux qui les reçoivent ; Madame Dorval saura bientôt que nous ne sommes pas des intrigans. Elle vient, prenez courage ; je reste un instant pour la désabuser.

SCÈNE XVII.

LES PRÉCÉDENS, Mad. DORVAL.

Mad. DORVAL, *(d'un ton moqueur.)*
Pourquoi-donc Monsieur de Versac reste-t-il toujours hors de sa maison ?

VERSAC.
Cet endroit me plaît à la folie.

Mad. DORVAL.
Vous pourrez en jouir tout à votre aise, quand vous habiterez ces lieux tout-à-fait.... — aussi-tôt que vous aurez payé.....

VERSAC, *(à part.)*
La bonne Tante persiffle.

Mad. DORVAL.
Il sera sans doute nécessaire que je me rende à Bordeaux, à votre caisse, pour recevoir mes fonds ?

VERSAC.
Oui, c'est à ma caisse que l'on vous payera.

Mad. DORVAL.
Monsieur de Versac, en repartant demain, pourrait me donner une place dans sa voiture ?

VERSAC.
Avec plaisir; mais vous serez gênée.
Mad. DORVAL.
Je viens de l'envoyer chercher à Briac..... Il n'y a qu'une difficulté; depuis plus de quinze jours, il n'a pas paru de voiture dans le pays.
VERSAC.
Ahi. — Mais, a-t-on bien demandé à l'auberge du Grand-Cerf?
Mad. DORVAL.
Il n'y a jamais eu de Grand-Cerf dans ce village.
VERSAC.
C'est jouer de malheur, il y en a par-tout.
Mad. DORVAL.
Pardon de la question..... mais Monsieur de Versac, à qui j'ai l'honneur de parler, est-il bien le Banquier de Bordeaux?
VERSAC.
Mais oui, à cela près de quelques millions, je suis un second lui-même.
Mad. DORVAL.
A qui donc ai-je eu affaire?
VERSAC.
A un fort galant homme, qui n'est pas aussi riche que son nom le fait croire; mais le temps presse. — Tenez, Madame, pour vous ôter toute inquiétude à mon sujet, lisez ce témoignage honorable de mes talens et de la considération dont je jouis. Vous verrez, par cet écrit, que si la fortune ne me traite pas bien dans cet instant, elle me donne au moins des protecteurs et des amis qui peuvent me rendre estimable à vos yeux. — Pardon, si je vous quitte; mais ma modestie ne me permet pas de rester à cette lecture. —— Je reviens à l'instant. (*Il entre chez le voisin.*)

SCÈNE XVIII.
Mad. DORVAL, LISE, DERMONT.
Mad. DORVAL.
Je suis curieuse de savoir comment il pourra me prouver.....
DERMONT, (*bas à Lise.*)
J'espère beaucoup de cette lettre.

COMEDIE.

LISE.

Écoutons.....

Mad. DORVAL.

Lisons l'écrit que sa modestie ne lui permet pas d'écouter.

(*Elle lit.*)

« C'est pour la dernière fois que je consens à vous écrire : vous êtes un rusé coquin..... »

(*Tout le monde reste frappé d'étonnement.*)

DERMONT.

C'est la lettre de l'Oncle !

(*Après un silence.*)

Voilà l'écrit favorable
Dont il s'honore aujourd'hui !

LISE.

Voilà l'écrit favorable
Dont il s'honore aujourd'hui !

DERMONT.

Il nous perd, le misérable !
Mais est-on plus fou que lui ?

Mad. DORVAL (*continue de lire.*)

RÉCITATIF.

» Vous empruntez toujours et ne rendez jamais !
» Vous composez des vers que l'on dit très-mal faits.
» Je n'ai pas lu vos vers ; mais j'ai payé vos dettes.
» Pour les dettes, je sais qu'elles sont trop bien faites.
» Je vous pardonne encore, venez à la maison :
» Si de vers et de chants vous vous montrez avare,
» Ammenez avec vous le musicien rare,
» Dont vous vantez toujours l'esprit et la raison.
» Je vous attends, ainsi que votre ami Dermont. »

Mad. DORVAL.

Dermont ! quoi ! c'est vous ?

DERMONT.

Oui Madame :
Toujours, Lise a régné dans mon ame.
Prenez pitié de mon tourment,
Et pardonnez en cet instant.

LISE.

Pardonnez-nous en cet instant.

LA MAISON A VENDRE,

Mad. DORVAL. *(à part.)*

Soyons toujours sévère
Pour ces deux étourdis :
Montrons de la colère ;
Il faut qu'ils soient punis.

LISE et DERMONT, *(examinant Mad. Dorval.)*

Dans ses yeux, la colère
Se peint par le mépris.
Par ce juge sévère,
Ah ! nous serons punis !

SCÈNE XIX.
LES PRÉCÉDENS, VERSAC.

VERSAC.

Eh bien ! cet écrit favorable,
Que sans doute vous avez lu,
Est un témoignage honorable
De mes talens, de ma vertu ?

Mad. DORVAL, LISE et DERMONT.

Ah ! le joli témoignage
De talens et de vertu !

Mad. DORVAL, *(ironiquement.)*
(Elle lit.)
« Vous empruntez toujours et ne rendez jamais,
» Et vous faites des vers que l'on dit très-mal faits. »

VERSAC.

C'est de mon oncle ! *(Il se met à rire.)*

Ah ! la bonne aventure !
Ah ! j'en ris de bon cœur !

DERMONT.

Il rit, et moi je jure,
Je jure de bon cœur !

Mad. DORVAL.

Voyez ! de l'aventure,
Comme il rit de bon cœur !

LISE.

Hélas ! cette aventure
Fera notre malheur !

COMÉDIE.

VERSAC.

Eh bien, Madame, comment trouvez-vous le style de mon Oncle?

Mad. DORVAL.

Assez clair, pour savoir le cas que je dois faire de vous.

VERSAC.

Il n'est pas très-complimenteur.

Mad. DORVAL.

Je vous remets sa lettre.

DERMONT, (à Versac.)

Imbécille!

VERSAC.

Que veux-tu? je me suis trompé..... c'est que j'ai de tout un peu dans mon porte-feuille; mais je vais vous montrer...

Mad. DORVAL.

Non, c'est assez. ---- Ayez seulement la complaisance de me rendre l'écrit inutile qui constate votre acquisition.

VERSAC.

Impossible, Madame!

Mad. DORVAL.

Et comment me payerez-vous, Monsieur l'Auteur?

VERSAC.

Eh bien, voilà ce que c'est! parce que je voyage à pied, et que je n'ai pas un grand train à ma suite, on croit que je suis un pauvre diable.... Il ne faut pas toujours juger les gens sur l'apparence.....

Mad. DORVAL.

Ainsi, vous me payerez?

VERSAC.

Oui, Madame, et très-bien encore..... Mais, d'abord, parlons de mon ami..... ---- Par la lettre de mon Oncle, vous connoissez Dermont. ---- Il aime votre nièce, vous le savez. Son peu de bien vous empêcha de consentir à cette union; eh bien! moi, je répare les torts de la fortune, en le dotant d'une somme de 20,000 francs.

DERMONT.

Madame, pardonnez-lui, il a perdu tout-à-fait la tête.

Mad. DORVAL. (à part.)

Moquons-nous de lui..... (haut.) Je consens bien volontiers à ce mariage, si vous pouvez lui conter tout de suite la somme que vous lui proposez.

VERSAC.

Tout de suite, cela va sans dire.

DERMONT.

De grâce, Versac !

VERSAC, (à Mad. Dorval.)

Votre parole !

Mad. DORVAL.

Je la donne de bon cœur.

DERMONT.

Tu me perds, malheureux !

VERSAC.

(En se tournant vers Dermont.) Ingrat !.... (à Mad. Dorval.) Voulez-vous des espèces, ou de bons Billets au porteur ?   Mad. DORVAL.

Ah ! des espèces ! on n'en porte pas en voyage.

VERSAC.

Il est vrai que nous en étions peu chargés.... Ainsi, des Billets.....

Mad. DORVAL.

Suffisent.

VERSAC.

Votre voisin vous paroît-il solide ?

Mad. DORVAL.

Comment ! Monsieur Ferville !

VERSAC.

Oui, Monsieur Ferville.

Mad. DORVAL.

C'est le plus riche et le plus fripon de l'endroit.

VERSAC.

Eh bien, voilà pour 20,000 francs de Billets sur le plus fripon de l'endroit. (d'un ton grave.) Et vous, mes chers enfans, (il leur prend les mains.) je vous unis : soyez heureux, et n'oubliez pas que c'est moi qui fais votre bonheur. Hein !.... (gaiement.) Dermont, comment trouves-tu le dénouement ?

Mad. DORVAL.

Je n'en reviens pas, c'est bien sa signature -- Comment avez-vous pu ?....

VERSAC.

COMÉDIE.

VERSAC.

C'est un cadeau qu'il m'a voulu faire, en se chargeant de vous payer votre Maison. On appelle cela, je crois, un pot-de-vin.

Mad. DORVAL.

Oh! quelle joie! qu'il mérite bien cette leçon! Je suis si contente de ce qu'il est dupe de son avarice, que j'ai presqu'envie de vous pardonner à tous le tour que vous m'avez joué.

VERSAC.

Eh! voici le cher voisin qui vient prendre part à la commune joie!

SCÈNE XX ET DERNIÈRE.
LES PRÉCÉDENS, FERVILLE.

Mad. DORVAL.

Approchez, mon voisin; eh bien trouvez-vous ma Maison trop chère?

FERVILLE.

J'ai fait une sottise, je la paye.

Mad. DORVAL.

Et vous méritez bien cela.

VERSAC (*montrant Dermont.*)

Madame, songez que vous m'avez promis....

LISE.

Ma chère Tante....

Mad. DORVAL.

Je tiendrai ma parole...(*à Versac.*) — Mais, vous, étourdi, gardez cette somme..... Vous êtes Auteur, elle peut vous devenir utile.

VERSAC.

Non, non, mon intention ne fut jamais de la garder. — C'est le présent de noce. Je crois vous la rendre en la donnant à l'époux de votre Nièce.

DERMONT.

Mon ami, je ne souffrirai pas.....

VERSAC.

Laisse-donc..... N'ai-je pas mon Opéra?

F

LA MAISON A VENDRE,

Mad. DORVAL.

Cette délicatesse est digne d'éloge.

VERSAC.

Je ne vous demande qu'une grâce, Madame : Mon Oncle me croit peu propre aux affaires ; eh bien ! écrivez-lui que, sans posséder un sou, j'ai su, dans un quart d'heure, gagner vingt mille francs : il me pardonnera, j'en suis certain.

FERVILLE.

Quoi ! Monsieur, vous n'aviez pas.....

VERSAC.

De quoi dîner, Monsieur.

FERVILLE.

Ainsi, c'est moi qui paye.....

VERSAC.

La dote de ces amans ; mais il vous reste la Maison, et à moi, le plaisir d'avoir fait deux heureux.

FIN.

De l'Imprimerie de CORDIER, rue Favart, N°. 422.

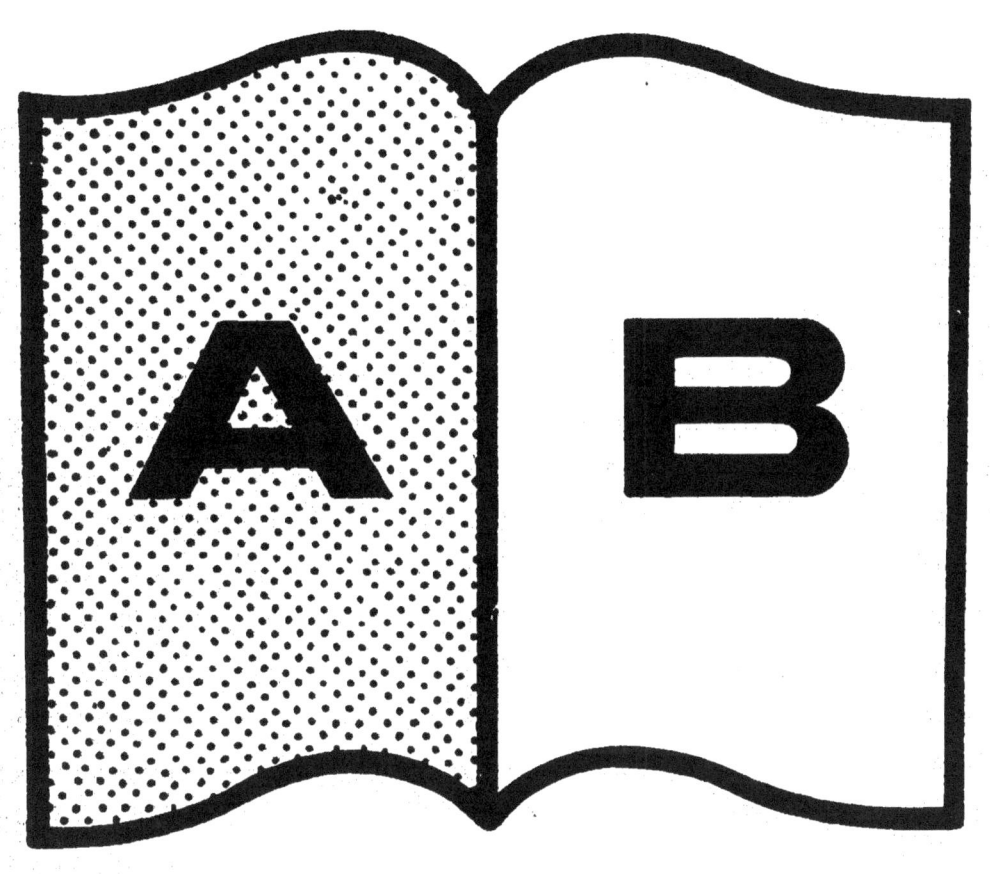

Contraste insuffisant

NF Z 43-120-14

www.ingramcontent.com/pod-product-compliance
Lightning Source LLC
Chambersburg PA
CBHW062010070426
42451CB00008BA/491